MAREA ALTA

MAREA ALTA

MARTA GARCÍA PONCE

Círculo Rojo
EDITORIAL

Segunda edición: septimbre de 2025

Primera edición: abril de 2025

Depósito legal: AL 4502-2025

ISBN: 979-13-7008-755-5

Impresión y encuadernación: Editorial Círculo Rojo

© Del texto: Marta García Ponce
© Prólogo: Vicente Juan Martí Martínez
© Maquetación y diseño: Equipo de Editorial Círculo Rojo

Editorial Círculo Rojo
www.editorialcirculorojo.com
info@editorialcirculorojo.com

Impreso en España — Printed in Spain

PRÓLOGO;

Hay libros que llegan como una brisa suave, otros como tormentas inesperadas. Y luego están los libros que se sienten como una Marea Alta: intensos, imponentes; inevitables. Este libro es eso y mucho más. No es solo un conjunto de poemas, sino un viaje emocional que fluye como el mar; a veces sereno, a veces agitado, pero siempre profundo. Marea Alta es un reflejo fiel de la autora y de los paisajes internos que ha decidido explorar con valentía y generosidad.

Conocer la poesía de quien más quieres es un privilegio único. Es como descubrir mundos ocultos dentro de la persona que creías conocer por completo. Y eso es exactamente lo que me ha sucedido al leer este libro. He encontrado en cada poema un pedacito de ella, una confesión sincera que invita a la reflexión y a la empatía. Pero también he encontrado sorpresas; aspectos nuevos, matices que sólo la poesía puede revelar.

Marta no escribe desde la superficialidad. Sus versos nacen de lo más profundo de su ser, y eso se siente en cada palabra. Hay una honestidad desarmante en sus poemas, una mezcla de vulnerabilidad y valentía que conmueve. Cada poema es una ola que lleva consigo fragmentos de alegrías, dudas, heridas y esperanzas. Y, como el mar, sus palabras tienen la capacidad de calmar o de arrasar, de acariciar o de sacudir. En este, ella se enfrenta a sus sombras, pero también celebra sus luces e incluso se adentra en terreno desconocido. Explora el amor, la pérdida, la memoria y el deseo, siempre con una sensibilidad que no busca respuestas fáciles ni consuelos inmediatos. Al contrario, Marea Alta es una invitación a abrazar la incertidumbre, a aceptar que la vida es un constante fluir con sus altibajos inevitables.

Para quienes la conocemos más allá de sus palabras escritas, este libro es también un testimonio de su proceso personal. He sido testigo de cómo cada poema ha sido trabajado con cariño y dedicación, de cómo cada verso lleva consigo parte de su esencia. He visto cómo la poesía se ha convertido en su manera de procesar el mundo, de entenderse a sí misma y de conectar con los demás.

Pero Marea Alta no es solo un espejo de la autora; también es un espejo para quien lo lee. En sus poemas, cada lector encontrará algo propio; una emoción olvidada, una herida latente, un sueño pendiente…

Sus palabras resuenan porque hablan de lo que nos hace humanos: la necesidad de amar y ser amados, el miedo a perder, la búsqueda de sentido.
La poesía, cuando es verdadera, no solo habla de quien la escribe, sino también de quien la lee. Marea Alta es un regalo en ese sentido: un libro que invita a la introspección, que nos recuerda que no estamos solos en nuestras emociones, que otros también han navegado por aguas turbulentas.

Te invito a adentrarte en este libro con el corazón abierto. A dejar que sus palabras te atraviesen y te lleven a lugares que tal vez habías olvidado. Y sobre todo, a dejar que la marea te envuelva, sin miedo a hundirte, porque siempre, después de la tormenta, llega la calma. Todo un baile de emociones que no dejará indiferente a nadie.

Disfruta del viaje.

La marea ya ha subido, y lo mejor que puedes hacer es dejarte llevar.

NOTA;

Va a ser un libro diferente.
Pero tú, aún no lo sabes.

Vas a descubrirlo, vas a ver que lo corriente sería leer pasando hojas, sin embargo, este va a ser un libro diferente.

Ya te he avisado.

De la normalidad no vamos a hacer rutina.

Siempre he pensado que, aunque no para todos los gustos, rayar un libro me daba libertad. Y eso quiero que pase a partir de ahora cuando sigas leyendo.

Siéntete libre para anotar, rayar, subrayar, pegar pósits chulos en las frases que te gusten y en las que no te gusten también. Marca las frases que reescribirías, las que no comprendes, las que te encanten…

Todos necesitamos nuestro lugar para ser libres, y yo, quiero hacer de la página posterior de cada poema, ese lugar de libertad.

Va a ser un libro diferente.

Pero, no quiero limitar tu libertad, y tras darle muchas vueltas, incluso alguna de más, lo que ves un poco más abajo es un código QR. Este, está dirigido a un lugar dónde texto por texto y en general, podrás escribir qué te ha parecido, qué te ha gustado, cuál ha sido tu interpretación…

Es escalar ese rincón de libertad. Es crear la oportunidad de expresarte como quieras.

Sé que igual, puede parecer que pido mucho, pero siéntete libre de seguir esta nota o no. Quizás solo quieras leer este libro y mañana pasar a otro.

El reto que te propongo es leer este libro y mañana escribir sobre él.

Es un reto.

Es una aventura.

Un viaje.

¿Te apuntas?

MAREA.ALTA.M

MAREA
BLANCA;

A LA NADA;

Llenar de sal el mar,

Ahí dejé de ser, al olvidar quién eras.

Al correr y bailar, al llorar y reír.

Fue mortal, entre rocas, el salto.

Bajar y dejarse llevar, no respirar el cielo.

Saltar de la roca más alta al vacío, a la nada, que lo fue todo.

ÚLTIMA LLAMADA;

Yo echándote de menos y tú kilómetros de más.

Convertiste la distancia en refugio y quisiste despegar.

Sin viaje de vuelta, sin avisar.

Yo queriéndote de más y tú de menos.

No supimos despedirnos y dejamos que ese vuelo saliera.

Yo mirándote y tú sin saber quién soy.

Yo recordándote y tú descubriendo nuevas risas.

No ha sido fácil. Entendí que tu vuelo era mi solución.

Hacer de esa llamada, la última.

Buen viaje.

¿Y si...?

Si cambias de vida,
Será nuestro secreto.

Llegó el invierno a cada centímetro de ti cuando solo había motivos por los que ser tú.
Pensaste más en el "¿Y si ... ?" que en SÍ.

Tenemos la capacidad de decidir. Solo es elección tuya ser o no.
Querer - te o no.

Llegó el momento y quisiste ser libre. Volar.

Y solo espero que ese frío, no decida en qué estación estamos.
Aún siendo verano, hay días nublados.

Si eres hielo,
Será mi despedida.

AL BORDE;

Al borde. Bailas desafiando la línea que nos separa, la pones a prueba y cada fallo la estrecha más. Aunque esa pérdida de centímetros sólo te acerca, te reta y dispara los límites de la adrenalina.

Atraes la indecisión. La llevas al borde y la dejas ver a través de tu pupila; verde, verde oscuro, pero vivo. Un verde pistacho que era capaz de enfrentarse al caos: revolucionas.

Al borde. Un sábado de abril. Luna llena. Y te columpias en la cada vez más fina línea que distancia la locura de la cordura, como si fuera domingo de invierno.

Fría.

Te acomodas, callas silencios y pides ayuda, pero te vas. Pasas. Como oír las luces de los coches de policía un día cualquiera. Te apartas sin saber por dónde llegarán.

Bailas un vals pero sueñas con el ballet del Cascanueces. Sentirte protagonista de otro cuento y que no acabe pensando qué hiciste mal.

Ponerte zapatos blancos y saltar en todos los charcos.

Saber que equivocarse,

para ti,

nunca fue

un error.

Estamos aquí de paso;

Vivimos deprisa y caminamos despacio.

Soñamos a 200 por hora y actuamos reduciendo marchas.

Nos pensamos la vida como si hubiera tiempo.

No apuntamos alto por si acaso.

No sabemos tropezar y creemos que fallamos cuando solo estamos intentándolo.

Si han cantado línea, vamos a por bingo.

No siempre hay después.

Setenta y uno.

Siete.

Uno.

BINGO.

NUEVE MESES;

Soy fruto del mejor baile entre dos risas y del mejor momento para reír.

Soy agua esperando llegar al mar.

Soy decisiones arriesgadas y mucha valentía.

Soy lo mejor que puedo ser.

Seguir siendo.

En el futuro, hablaré en presente.

Ser lo que un día fui.

Ser luz.

Ser y vivir.

Por la vida, que me dio la vida.

BLANCO;

Del más absoluto desconocimiento, pinto el papel blanco.

Me dejo llevar, y la calma trabaja para no alterar al mar.

Trazo líneas desconocidas para encontrarme. La marea baja transmite la tranquilidad que necesito para crear y viajar a un mundo donde aún no he llegado por falta de tiempo vivido, supongo.

O quizás jamás viva esas horas, (pero quedarán escritas).

Todavía no ha llegado el oleaje.

Todo es claro, sin trazos sobre los que poder bailar. Un folio en blanco que coge forma a partir del vacío.

Marea baja. Desconocido.

Marea Roja;

- TE;

Supongo, has renovado sentimientos, sensaciones, pensamientos.
Supongo, has cambiado.

Como ves, yo sigo llorando-te, pensando-te,
necesitando-te,
escribiendo-te.
Suponiendo, suponiendo bien.

Punto de partida;

Hoy me he acordado de ti.

Puede que haya sido esa canción de Beret,

o

que repaso tus historias de Instagram mil veces.

Es curioso,

a veces es inevitable volver al punto de partida.

Y... sí, te quiero, pero, como ves, no puedo tenerte.

Y... cierto, las cosas que se cuidan no se deben tirar de repente...

pero, ¿supe cuidarte?

¿Supe quererte?

¿Supe ser yo misma?

¿Supe hacerte feliz?

¿Supe ser esa chica loca pero tímida, inmadura pero atrevida?

¿Supe ser esa chica de los puntos suspensivos...? No.

Por no saber, no supe ni perderte.

Aunque no te des ni cuenta;

Pasa sin pedir permiso ni perdón.

Hiere.

Cura.

Pasa.

Y hace que nos planteemos si cada centímetro de arena que cae, será el último.

Si con cada vuelta, perdemos vida.

Que reír, querer y amar de más no es una opción, sino una solución.

Aunque de la relatividad creemos esperanza, siempre llega, siempre se va.

Y así funciona el cristal que nos separa.

No te quieres dar cuenta.

Aunque tú no, él sí.

SHH...

Gritando silencios.

Callando gritos que piden que me escuches.

QUIERO SABER DE TI;

Quiero saber de ti.

Quiero saber si tus horarios no han cambiado, porque sigo esperando los mensajes en las horas de descanso.

Y quiero saber si echarle la culpa a los horarios de que esos mensajes nunca me lleguen, o a tus pocas ganas de querer hablarme.

Quiero saberlo.

Quiero saber si, al escuchar nuestras canciones, se te eriza la piel como me pasa a mí.

Quiero saber si siguen significando algo para ti.

Quiero saber si te siguen brillando los ojos cuando me miras.

Quiero saber si quieres saber de mí.

Quiero saber si ya te has olvidado de mí.

DA =

Igual necesito llorar; llorarte.

Igual no.

Igual necesito tener; tenerte.

Tal vez no.

Igual necesito oír, oírte.

O igual no.

Igual necesito sentir, sentirte.

O no.

Igual necesito pensar; pensarte.

Igual no.

Igual, solo sea eso.

Lo que más necesite,

un abrazo.

Fuego?

No

Fuego no, pero un abrazo,

igual,

sí necesitas.

Esto sana lento;

Abrir los ojos y dejar de verte.

Pensar, y no quererte,

Fuiste quien decían y luchaste imposibles por quien no hacía todo lo posible.

Quien te conoce, no te reconocía y de quien esperabas que sí... esperaste hasta cansarte.

Quien quería que olvidaras, te recordaba y quién se acordaba, te dañaba.

Entre tantos quienes, aprendiste a elegir, a distinguir.

Quién sí y quién no.

SOLFEO;

Donde quisimos volar, abrimos las alas y nos chocamos con las nubes. Entendimos el baile y subimos la música. Caímos. A dos mil flores de altura.

Recomponernos.

Mía, siempre fue mía esa decisión.

Faltaban horas y sobraba ruido. Parar. Respirar. Entender y solucionar. Buscar tu ritmo y reír.

Soltar rienda y desaparecer para encontrarte. Cansarte de ti.

La flor rota.

Sí, para volar, tuvimos que caer.

Donde quisimos volar. Ahí estábamos, donde queríamos, volando.

Al final, esa fue la **clave**.

AQUÍ LLUEVE;

En vista de otros ojos,

en manos de otra piel,

en huesos de otro cuerpo.

En tí, y en ¿mí?

En kilómetros distintos y en vidas paralelas.

No era esa la risa que querías.

No querías lo que yo tenía.

Me sorprende pensar que en un día se rompa lo que construiste
en un año.

Pero es que no fuiste capaz de entender que un castillo no
se puede hacer con papel mojado.

Que ni construimos juntos, ni necesitaba un castillo.

Que no hay lluvia, que no avise.

MI ECUACIÓN;

Respirar. Coger aire.

Hablarte, escucharte y darte tiempo.

Reconstruirte y encontrarte.

Correr y creer que sí.

Tú, siendo tú.

Creyendo en ti.

Tu espacio (e).

Tu tiempo (t).

Tu (v) $\dfrac{e}{t} = v$ elocidad

ESCRIBO SOBRE TÍ EN PASADO;

Fuiste mil motivos.

Fuiste un martes de enero.

Hicimos de una historia, un recuerdo y no sé si culparte o agradecertelo.

Nunca seremos más de lo que fuimos.

Ahora, ha pasado tiempo, kilómetros y personas.

Quise lo que fuiste, porque eras tú.

Ahora, quiero lo que tengo porque ya, no eres tú.

LAS VUELTAS DAN MUCHA VIDA;

Tengo esa extraña manía de meterme donde no me llaman, por la única y estúpida razón de creer que tengo que estar ahí.

Querer estar donde no haces falta es un bucle del que debería aprender a salir.

Dejar de dar vueltas a la vida y empezar a vivir mis propias vueltas.

Girar sin punto fijo y sentirme como una espiral generada por esos giros.

Dejar y empezar a entender que cada persona gira teniendo un eje diferente,

y que no puedo hacer de esos ejes,

los míos fijos.

Tengo esa extraña, pero cada vez más frecuente manía,

de necesitar sentirme

parte de algo.

ROJO;

Tras la calma y tranquilidad, cojo lo que queda de mí y entro en lo que pasará a ser un mar de fuerte oleaje que se prepara para impactos contra rocas que nunca has querido ni pedido que estuvieran ahí, delante de ti, para recordarte que la marea solo sube si hay caos.

Como en cada guerra, o ganas con heridas, o caes.

Pelear implicaba ir con todo, a ganar, a sangrar y teñir el papel blanco, de rojo.

Con fuerza para soportar las heridas que no me hicieron caer.

Sube la marea. Fuerza.

MAREA NEGRA;

VUELO DIRECTO;

Me encanta ser contigo,
reír y perder; el tiempo.
Volar y aterrizar.
Recorrer París, Roma y Milán
con solo mirarte.
Otro de mis viajes favoritos.
Perderme entre café.

No sé cómo llamarme;

Mentirte mirándote a los ojos,
sintiendo que me crees,
que confías en mí.

Sabiendo que te será imposible creer que te mentí,
así, a la cara,
mirándote a los ojos desde los míos,
verdes.

Una sonrisa que me vuelve loca;

A veces te echo de menos.

Sí, te echo de menos.

Te echo mucho de menos, aunque sea poco el tiempo que llevo sin verte, sin tenerte al lado.

Pero... Supongo que cuando alguien te importa de verdad, es inevitable.

Y es esos momentos.

Justo en esos desordenados momentos en los que me muero de ganas por verte y tenerte de nuevo,

llegas.

Así,

sin avisar,

así,

tan tú.

Tan así.

Con tu sonrisa, una sonrisa loca,

me abrazas y me das besos de esos de verdad,

de los que se quedan en la mente todo el día.

Y me doy cuenta de que no es suerte,

Porque de eso no tengo nada.

Es amor

Y… que bonito.

VERDE;

Porque tiene una de esas miradas que paran el tiempo.

Una de esas miradas con las que no necesitas absolutamente nada más para

simplemente,

estar bien.

Te hace ver que no hay nadie más que tú

y que todo lo que no seas tú,

no le importa.

Además, te lo crees.

Tiene una de esas miradas que no te cansas de mirar.

Un verde que te atrapa y no te deja pensar otra cosa que no sea por qué te gusta tanto.

Esa mirada que te hace creer que eres importante, especial, única.

La mirada más bonita que has visto de unos ojos tan verdes.

Y lo que dice con esos ojos...

Porque su "quédate" es uno de los pocos que hace replantearme mis ganas de no irme nunca,

y eso,

hazme caso, que asusta.

QUERERTE NO OCUPA LUGAR;

Siempre me han faltado números y sobrado palabras.

Tiempo y besos.

Entender con pocas palabras lo que muchas sonrisas gritaban.

Quererte siempre ha sido un placer.

ISLA;

I feel good.
Como me gusta a mí decir ahora.

NIEVA;

Ya es invierno.

No tiene rumbo, y le da igual.

Te nubla la vista sin importarle a dónde quieras llegar.

Lo que espero del invierno.

Pero no hace frío.

Solo me recuerda que no hace falta pedir permiso para seguir tu camino.

Hoy, ha nevado.

Así, SIENDO AIRE;

Ser sal y agua.
Romper olas y horas.
Respirar y levantar arena.
Ser tiempo y enredar cometas.
Dejar al cielo brillar.
Ser luz y sol.
Deslizarse y caer al mar.
Despeinar y alterar mariposas.

Así, caos del orden.

Si tú no estás aquí;

Te elegiría entre tantos zapatos.
Entre piedras y tacones,
entre primeros o segundos.

Elegiría verte entre tantos viernes.
Entre mil, tu fallo siempre me parecerá el más divertido.
Perderte entre derecha o izquierda, y encontrarme entre risas.

Dejarme entrar en tu mundo y ver la Tierra desde la Luna.

Que rabia me da que no te vean como yo me río.

Ha sido divertido, me equivocaría otra vez.

Respira lento.
Que yo, de elegirte, no me arrepiento.

BACHATA;

No sé como decirte que me encantaría que me enseñarás lo que sabes de bachata.

Para decirte que no tienes ni idea y te acerques con esa sonrisa a decirme que si me creo bailarina, y que tu bailas mejor.

Para decirte, mirándote, que sé que lo haces para llamar mi atención, aunque tienes mucho más que eso.

Para que te acerques y,

aunque me parezca atrevido,

no me aparte.

Para que no te separes y que con la misma sonrisa, me cojas por la cintura,

me mires y pienses:

"Ojalá no se dé cuenta de que no tengo ni idea de cómo disimular que no sé bailar bachata".

Me doy cuenta.

No me importa.

No te apartas.

No me aparto.

No sabía cómo decir nada, y sin decirlo, ahora lo sabes todo.

VÉRTIGO;

Vértigo. Miedo a la gravedad, a caer sin peso, pesando todo lo que eres, lo que fuiste.

Admirando la ironía constante de confiar en ello que hará que desaparezcas, para ser exactos, en las dos únicas cosas en las que acabé confiando.

Porque eso hice, acabar, empujado por el caos y cayendo por la gravedad.

Esos dos últimos apoyos que me hicieron desatar los nudos y, como un globo, perderme volando hacia la nada.

Como mirar al mar y entender la infinitud, el caos.

Y ahora, ha subido la marea, y yo sigo nadando en la nada.

Un barco sin puerto.

Marea Alta;

Que nunca voy a entender tus apodos,
Que decirte mucho, sería poco.

Bailar las olas y sonreír al mar. Que nos devuelva las horas que perdimos mirando como la arena se convierte en orilla.

Nunca voy a entender cómo no hay luna llena cuando nos fijamos y aparece cuando menos lo esperas.

Que esperar del caos, orden, es como pedirle al mar que baje la marea un día de tormenta.

No necesitar entender las cosas vuelve loco a cualquiera, casi tanto como entender que de tu caos se origine la sonrisa más bonita a la que voy a hablarle nunca.

 Aunque bonito,

                    bonito es verte a ti

                                    siendo tú.

NEGRO;

Pasa el caos de las olas y fin. Nueva hoja esperando ser escrita.

Ahora, de forma diferente.

Ahora desde la comodidad y el descanso de haber podido gritar todo lo que callaba.

Ahora, soy más yo.

Ha subido la marea. Por fin acaba el ciclo, aunque solo para volver a empezar.
Unos minutos. Respiro.

Cojo aire, porque la oscuridad solo dura una noche, una estrella. Fugaz.

Marea Alta. Calma.

Marea Alta. Yo. Conmigo.

AGRADECIMIENTOS;

R;

Quise creer,

quise ser,

quise crecer,

quise ser elegida,

quise avanzar,

quise ser amiga, compañera y pareja.

Al final, acabé siendo yo.

C;

Por derecho, tienes el lado bueno de la mesa.

Por rabiar, tengo los cubiertos más pequeños.

Por herencia, soy feliz.

Por reírnos, supimos lo que duele.

También eres mi favorito.

J;

Eres la mitad de un cuento.

Estar convencida de que, aunque todo sea difícil,

saltaremos los charcos sin zapatillas y sin pensárnoslo.

Construyes.

Entre libros y tinta.

Me enseñas un camino.

Y yo, quiero seguirlo.

L;

Todo lo que me das.

Porque siempre, todo lo que me has dado, ha sido muchísimo más de lo que nunca he merecido.

Eres vida, y me la regalaste.

Luz; eres.

A;

Sé que es pedir mucho.

Sois el "*para siempre*" que más quiero ver cumplirse.

El "*no dejes para mañana*" los besos que puedas dar hoy.

Sois el trabajo, esfuerzo, dedicación y entrega de toda una vida cuidando.

Siendo perfectos para hacernos mejores.

Sois mucho.

Pido tiempo. Mucho más del que jamás tendré.

Pero ahora, os tengo, y sois lo mejor que podría pedir.

Sois todo.

Eternos.

V;

Éramos como dos locos con ganas de reír en cada lágrima.

Éramos aire y nos cortaron el vuelo.

Éramos noche, oscura y fría.

Marea alta y baja.

Corriente.

Fuimos, somos y seremos.

Como si nada, llegó todo.

ÍNDICE

MAREA NEGRA;

AGRADECIMIENTOS;